Novena para superar todo e qualquer medo

Felipe G. Alves

Novena para superar todo e qualquer medo

Petrópolis

© 2007, Editora Vozes Ltda.
Rua Frei Luís, 100
25689-900 Petrópolis, RJ
www.vozes.com.br
Brasil

5ª edição, 2015.

Todos os direitos reservados. Nenhuma parte desta obra poderá ser reproduzida ou transmitida por qualquer forma e/ou quaisquer meios (eletrônico ou mecânico, incluindo fotocópia e gravação) ou arquivada em qualquer sistema ou banco de dados sem permissão escrita da editora.

Diretor editorial
Frei Antônio Moser
Editores
Aline dos Santos Carneiro
José Maria da Silva
Lídio Peretti
Marilac Loraine Oleniki
Secretário executivo
João Batista Kreuch

Editoração: Maria da Conceição Borba de Sousa
Diagramação: AG.SR Desenv. Gráfico
Capa: Omar Santos

ISBN 978-85-326-3590-7

Editado conforme o novo acordo ortográfico.

Este livro foi composto e impresso pela
Editora Vozes Ltda.

Introdução

É grande o número de pessoas que sofrem, amarradas pelos medos que carregam. Mas, temos uma boa notícia: Você pode superar todo e qualquer medo através da oração, principalmente através desta poderosa novena, baseada no poder do bom Pai. Ela tem o poder de libertar você. Libertar mesmo. Para que carregar medo do escuro, de tempestade, de assombração, de cachorro, de doenças, do futuro, de altura, de falar em público ou até mesmo de gente?

Uma pessoa, dominada pelo medo, sofre. Pode sentir tonteiras, tremedeiras, taquicardia. Uma tragédia. E o pior? Não vai para frente.

Você vai se curar disto tudo através desta novena, usando também técnicas modernas de respiração profunda, abdominal, acompanhada de relaxamento.

Como se livrar do medo? Visualize-se lá no tempo em que algum medo começou! Visualize-se, talvez lá na infância, junto com Jesus, bom e poderoso! Visualize-o conversando com você, desdramatizando a situação e lhe dando palavras de coragem, de alegria e de vitória!

Exemplificação: Para você compreender melhor, eu vou contar um fato real: Em 1983, encontrei no Norte do Paraná um garoto que tinha pavor da noite. Mesmo com 12 anos, só dormia se fosse no quarto dos pais. Essa fobia começou quando, na copa mundial de futebol, o Brasil jogava em Guadalajara, México. A família estava reunida diante da televisão. Aconteceu uma tempestade e um raio caiu naquela casa. O susto foi tão grande que o garoto desmaiou. Esse foi o começo de seus medos. O que fazer? Pedi que o garoto voltasse no tempo e visualizasse o momento do raio, mas, junto com Jesus que o animava, dizendo: "Um raio está caindo. Mas, eu estou junto de você, cuidando para que nada de mal lhe aconteça". Logo depois dessa visualização, todos nós começamos a louvar e a agradecer ao bom Senhor e o menino nunca mais teve medo. Aleluia!

Faça o mesmo, durante 9 dias, e o seu medo vai sumir, sem deixar vestígio.

Depois da visualização, enfrente o problema: Feita essa primeira fase, vá enfrentar o seu medo, de forma gradual: Quem tem medo de dirigir carro, comece a dirigi-lo em trajetos curtos e com pouco trânsito, e acompanhado.

Esta novena, feita na fé, vai mudar sua vida. Vá em frente!

Para todos os 8 primeiros dias

 1. Oração inicial

Reze uma Ave-Maria e um Pai-nosso, acrescentando: Livre-me, também, de todos os medos que não me deixam progredir nem subir mais alto na vida! Livre-me de todos os medos que se fazem muralhas, a trancar meus caminhos, impedindo-me de construir um mundo mais belo! Seu filho Jesus, como ele era corajoso! Ele soube enfrentar tempestades, galgar montanhas, encarar inimigos, vencer a morte e ressuscitar no terceiro dia. Igual a ele, eu quero ser corajoso, porque tudo é possível para quem crê. E eu creio. Mas, aumente a minha fé. Amém.

2. Leitura bíblica

3. Resposta à Palavra de Deus

4. Exercício de relaxamento

(Primeiro, leia o exercício e, depois, ponha-o em prática!) *Com os olhos fechados, vá respirando profundamente, de modo calmo e tranquilo! Depois, ao sentir-se totalmente leve, reveja o provável fato que fez com que você se enchesse de medo. Visualize Jesus, lá naquele momento, segurando você pela mão, dando-lhe aquele apoio, aquela proteção, usando palavras de ternura e de bondade!* (Depois da visualização proposta, passe para o seguinte tema: **Agradecimento ao Senhor**.)

5. Agradecimento ao Senhor

6. Ladainha final

Santo Antônio Galvão e Servo de Deus Alderígi, em suas mãos eu coloco o meu medo. Podem acabar com ele!

São Judas Tadeu e Santo Expedito, em suas mãos eu coloco o meu medo. Podem acabar com ele!

Santa Rita e Santa Edwiges, em suas mãos eu coloco o meu medo. Podem acabar com ele!

(*Pode acrescentar outros santos.*)

Nossa Senhora Aparecida, a sua coragem é a minha coragem.

Senhor Jesus, a sua vitória é a minha vitória. Amém.

1º DIA

1. Oração inicial (veja no início da novena)

2. Leitura bíblica: Escute o bom Pai, falando baixinho, ao seu ouvido.

Is 42,13: "Eu sou o Senhor seu Deus que tomo você pela mão direita e lhe digo: 'Não tenha medo! Eu ajudo você!'"

3. Resposta à Palavra de Deus

Bom Pai, o Senhor está ao meu lado, segurando-me pela mão. Então, por que ter medo? Se o Senhor é tão poderoso a ponto de fazer o céu e a terra; se o Senhor é tão sábio a ponto de saber o nome de cada uma das estrelas, a quem vou eu temer? Que coisa vai me causar medo? Já que o Senhor segura firme a minha mão, eu irei para frente, sem medo algum. Amém.

4. Exercício de relaxamento

(Veja início da novena!)

5. Agradecimento ao Senhor, através do Sl 27,1.3

O Senhor é minha luz e minha salvação: a quem vou temer? O Senhor é a fortaleza de minha vida: perante quem vou tremer? Se um exército acampar contra mim, meu coração não vai temer; se uma batalha se travar contra mim, mesmo assim vou estar tranquilo.

 6. Ladainha final (veja no início da novena)

2º DIA

 1. Oração inicial (veja no início da novena)

2. Leitura bíblica: Coragem! Sou eu! Não tenha medo!

Mt 14,24-32: O barco já se achava a alguns quilômetros da terra e era agitado pelas ondas, pois o vento era contrário. Pelas três da madrugada, Jesus chegou, andando sobre o mar. Ao vê-lo caminhar sobre as águas, os discípulos ficaram com medo: "É um fantasma" diziam, gritando de medo. Mas logo Jesus lhes falou: "**Coragem! Sou eu! Não tenham medo!**" Tomando a palavra, Pedro disse: "Senhor, se é o Senhor, mande-me andar sobre as águas até junto do Senhor". Ele disse: "Venha!" Descendo do barco, Pedro caminhou sobre as águas ao encontro de Jesus. Mas, ao sentir a violência do vento, ficou com medo; começou a afundar e gritou: "Senhor, salve-me!" No mesmo instante, Jesus estendeu a mão e o segurou, dizendo: "Homem de pouca fé, por que duvidou?"

3. Resposta à Palavra de Deus

Senhor, quando Pedro olha só para o problema, ele começa a se afundar. Quando ele olha para o Senhor e clama por socorro, tudo se resolve, com a maior facilidade. Não é para o meu medo que eu quero olhar. Ele é ridículo. Meus olhos estão fixos no Senhor e as suas palavras me libertam: "Coragem! Sou eu! Não tenha medo!" Meus medos não entram nesse barco porque o Senhor é mais forte que os ventos, mais forte que as ondas do mar.

4. Exercício de relaxamento
(Veja início da novena!)

5. Agradecimento ao Senhor, através do Sl 16,8-10

Tenho sempre o Senhor na minha presença; com ele à minha direita, não vou vacilar. Por isso se alegra meu coração e exulta minha alma; até minha carne descansa, serena, porque não vai abandonar minha alma ao abismo nem deixar seu fiel ver o fosso.

6. **Ladainha final** (veja no final da novena)

3º DIA

1. **Oração inicial** (veja no início da novena)

2. Leitura bíblica: "Olhem os pássaros!"

Lc 12,22-26: Não se preocupem com a vida, com o que vão comer, nem com o corpo, com o que vão vestir. Porque a vida é mais do que o alimento e o corpo mais do que as vestes. Olhem os pássaros: não semeiam nem colhem, não têm despensa nem celeiro, mas Deus os alimenta. E vocês valem muito mais do que os pássaros! Quem de vocês, com suas preocupações, pode aumentar a duração de sua vida de um momento sequer?

3. Resposta à Palavra de Deus

Bom Pai do céu, eu sei que o Senhor cuida até dos passarinhos. Eu sei que o Senhor é o meu Pai e que o Senhor me ama. Portanto, todo o meu medo não tem nenhum fundamento. Eu sei que o Senhor vai cuidar de mim. Todo o medo que eu trazia em minha bagagem está lançado no fundo do mar e, livre de todas as amarras, eu entro na segurança de seu barco. Amém.

4. Exercício de relaxamento
(Veja início da novena!)

5. Agradecimento ao Senhor, através do Sl 139,1-6

Senhor, o Senhor me sonda e me conhece: sabe quando me sento e quando me levanto, de longe vê meus pensamentos. Consigna minha caminhada e meu descanso e cuida de todos os meus caminhos... Abrange meu passado e meu futuro e sobre mim repousa sua mão.

6. Ladainha final (veja no final da novena)

4º DIA

1. Oração inicial (veja no início da novena

2. Leitura bíblica: "Não tenha medo! Basta crer!"

Mc 5,35-48: Jesus estava ainda falando quando chegou alguém da casa do chefe da sinagoga, dizendo: "Sua filha morreu. Para que continuar incomodando o Mestre?" Ao ouvir, porém, a notícia, Jesus disse ao chefe da sinagoga: **"Não tenha medo! Basta crer!"** E não deixou que ninguém o acompanhasse, a não ser Pedro, Tiago e João, irmão de Tiago... A seguir, Jesus pegou a mão da menina e disse: "Talitá cumi", o que quer dizer: "Menina, eu lhe ordeno, levante-se!" Imediatamente, a menina se levantou e se pôs a caminhar, pois tinha doze anos. E as pessoas logo se encheram de grande espanto.

3. Resposta à Palavra de Deus

Senhor, eu também quero ser como Jairo, caminhar sem medo, apenas crendo em seu poder e em sua bondade: "Não tenha medo! Basta crer!" Feliz quem acredita, pois tal pessoa poderá transportar montanhas, voar até as alturas com asas de águia e correr sem se fatigar! Se o Senhor pôde trazer a vida à menina já morta, o Senhor também pode me curar de meus problemas interiores, chamados de medos, que querem me atrapalhar. Obrigado, Senhor, porque eu simplesmente não tenho medo. O que tenho é fé total em seu poder. Amém.

4. Exercício de relaxamento

(Veja início da novena!)

5. Agradecimento ao Senhor, através do Sl 18,2-3

Ardentemente eu o amo, Senhor, minha força, Senhor, minha rocha, minha fortaleza e meu refúgio, meu Deus, rochedo em que me abrigo, meu escudo, meu penedo de salvação, meu baluarte!

6. Ladainha final (veja no final da novena)

5º DIA

1. **Oração inicial** (veja no início da novena)

2. **Leitura bíblica: Não tenham medo!**

Jo 14,26-27: Disse Jesus: "Deixo-lhes a paz; eu lhes dou a minha paz. Eu lha dou não como o mundo a dá. **Não fiquem perturbados nem tenham medo!**"

3. **Resposta à Palavra de Deus**

Jesus, como eram belos os seus olhos, irradiando sempre paz interior! E o que o Senhor mais deseja é que meu olhar também irradie essa paz que vem de um coração bom, cheio de vida e de coragem. Se há uma coisa que o Senhor não quer que eu carregue é o medo. "Não fique perturbado nem tenha medo". Que bom notar que meu medo está se desmanchando como a neblina se desmancha ao nascer do sol! Ó Sol de minha vida, lá se vão minhas neblinas e meus medos se desmancham diante de sua luz infinita. Amém.

4. Exercício de relaxamento

(Veja início da novena!)

5. Agradecimento ao Senhor, através do Sl 23,4

Ainda que eu ande por um vale tenebroso, não temo mal algum, porque o Senhor está comigo; seu bordão e seu cajado me confortam.

 6. Ladainha final (veja no final da novena)

6º DIA

 1. Oração inicial (veja no início da novena)

2. Leitura bíblica: Não tenham medo! Vocês valem mais do que muitos pardais.

Mt 10,29-31: Não se vendem dois pardais por uma moedinha de cobre? E nenhum deles cai por terra sem a vontade do seu Pai. Quanto a vocês, até mesmo os cabelos todos da cabeça estão contados. Portanto, **não tenham medo! Vocês valem mais do que muitos pardais.**

3. Resposta à Palavra de Deus

Bom Pai, se eu fosse um passarinho, sei que o Senhor cuidaria de mim... Mas, eu não sou um passarinho. Sou muito mais. Sou seu filho e muito precioso a seus olhos. Eu sei que o Senhor cuida de mim, noite e dia, sem cessar. Por que ter medo? Se o passarinho não tem medo, por que eu teria? Como o Senhor é bom! Libertada dos medos, minha alma pode voar, livre e alegre.

Realmente, o mundo é mais bonito porque eu existo. Aleluia!

4. Exercício de relaxamento
(Veja início da novena!)

5. Agradecimento ao Senhor, através do Sl 63,7-9

Se no leito penso no Senhor e se nas vigílias medito nele, é porque foi meu auxílio e, à sombra de suas asas, posso cantar de júbilo. Tenho a alma apegada ao Senhor e sua destra me ampara.

 6. Ladainha final (veja no final da novena)

7º DIA

 1. Oração inicial (veja no início da novena)

2. Leitura bíblica: No amor não existe medo.

1Jo 4,18-21: **No amor não existe medo, pois o amor perfeito lança fora o medo.** Temor supõe castigo e quem teme não é perfeito no amor. Amemos a Deus, porque Deus nos amou primeiro! Se alguém disser: "Amo a Deus", mas odiar o irmão, é mentiroso. Pois quem não ama o irmão, a quem vê, não pode amar a Deus, a quem não vê. Temos de Deus este preceito: quem ama a Deus, ame também o irmão.

3. Resposta à Palavra de Deus

Senhor, eu nasci para amar. Meu coração está repleto de amor. E se está repleto de amor, nele não há lugar para medo algum. No amor não existe medo. Possa o Senhor, cada dia, amar mais as pessoas com quem eu convivo, através do meu amor, do méu sorriso, da minha ternura e da minha doação! Obrigado por ter me dado um coração bom e cheio de coragem!

4. Exercício de relaxamento

(Veja início da novena!)

5. Agradecimento ao Senhor, através do Sl 91,3-7

O bom Pai vai cobri-lo com suas plumas e debaixo de suas asas vai abrigá-lo; sua fidelidade é escudo e couraça. Não vai temer o pavor da noite nem a flecha que voa de dia nem a epidemia que ronda no escuro nem a peste que devasta ao meio-dia. Se tombarem mil a seu lado e dez mil à sua direita, você não será atingido.

 6. **Ladainha final** (veja no final da novena)

8º DIA

 1. **Oração inicial** (veja no início da novena)

24

2. Leitura bíblica: Não vai assustá-lo o terror imprevisto, porque o Senhor vai estar a seu lado.

Pr 3,21-26: Meu filho, sem jamais perdê-las de vista, conserve a prudência e a reflexão! Vão ser vida para sua alma e adorno para o pescoço. Vai seguir tranquilo seu caminho, sem que tropece seu pé. Quando se sentar, não vai ter sobressaltos; quando se deitar, o sono vai ser tranquilo. Não vai assustá-lo o terror imprevisto, nem a desgraça que cai sobre os ímpios, porque o Senhor vai estar a seu lado e da cilada vai guardar seu pé.

3. Resposta à Palavra de Deus

Bendito seja o Senhor pela virtude da prudência! Dela esteja cheio o meu coração! Feliz quem, antes de agir, sabe refletir, porque de nada vai precisar ter medo! Quem teme sem motivo razoável não está sendo prudente nem sensato. Bendita seja a Virgem Maria, mulher prudente e corajosa! O coração dela era livre, pronta para enfrentar todos os perigos e todas as coisas imprevisíveis, até mesmo uma fuga para país estrangeiro; até mesmo acompanhar seu filho até o final e continuar aguardando sua ressurreição, sua vitória!

4. Exercício de relaxamento

(Veja início da novena!)

5. Agradecimento ao Senhor, através do Sl 118,7-9

O Senhor está comigo: nada temo. O que vão poder fazer-me os homens? O Senhor está comigo e me auxilia: vou poder encarar os inimigos. É melhor refugiar-se junto ao Senhor, do que fiar-se nos homens; é melhor refugiar-se junto ao Senhor, do que fiar-se nos príncipes.

6. Ladainha final (veja no final da novena)

9º DIA
CÂNTICO DE VITÓRIA!

1. Oração inicial

Reze uma Ave-Maria e um Pai-nosso e acrescente: Livre-me de todos os males, como me libertou do medo que não me deixava progredir nem subir mais alto na vida! Libertou-me de todos os medos que queriam ser muralhas, a trancar meus caminhos, impedindo-me de construir um mundo mais belo! Seu filho Jesus, como ele era corajoso! Ele sabia enfrentar tempestades, galgar montanhas, encarar inimigos, vencer a morte e ressuscitar no terceiro dia. Agora, eu inspiro para dentro de mim toda essa coragem que o impulsionava para frente. Guiado por ele, eu sou corajoso, porque tudo é possível para quem crê. E eu acreditei e não fiquei decepcionado. Amém.

2. Leitura bíblica: Louvores por estar livre de todos os medos

Sl 116,5-9: O Senhor é benigno e justo; nosso Deus é compassivo. O Senhor vela sobre a gente simples. Eu era fraco e ele me salvou. Volte, ó minha alma, à serenidade, porque o Senhor foi bom para com você. Livrou da morte minha alma; das lágrimas, meus olhos; e meus pés, da queda. Vou caminhar na presença do Senhor, na região dos viventes.

3. Resposta à Palavra de Deus

Problemas, quem por eles não passou? Até mesmo Jesus. Perigos, quem não os enfrentou? Até mesmo Jesus. O que não pode acontecer é deixar-se influenciar por eles, interrompendo a caminhada, amarrado pelos medos. Em meio aos perigos, minha alma voltou à serenidade, porque o Senhor foi bom para comigo e me libertou! Aleluia! Já que me encontro debaixo das asas do bom Pai, nenhum medo vai poder conviver comigo. Aleluia! Nesse Deus eu confiei e ele me libertou. Não tenho mais medo de coisa alguma. Amém. Aleluia! Aleluia!

4. Exercício de relaxamento

(Primeiro, leia o exercício e, depois, ponha-o em prática!) *Com os olhos fechados, vá respirando profundamente, de modo calmo e tranquilo! Depois, ao sentir-se totalmente leve, visualize-se agindo livremente em todas aquelas situações em que agia dominado pela insegurança e pelo medo! Visualize Jesus, lá naquele momento, segurando você pela mão, sorrindo e comentando a sua vitória!*

(Depois da visualização proposta, passe para o seguinte tema: **Agradecimento ao Senhor**.)

5. Agradecimento ao Senhor, através do Sl 46,2-3.8

Deus é nosso refúgio e fortaleza, socorro sempre pronto nos perigos. Por isso não tememos, ainda que a terra se abale e os montes se afundem no seio dos mares; as águas se agitem e espumem e, com fúria, sacudam os montes. O Senhor Todo-Poderoso está conosco. O Deus de Jacó é nosso baluarte.

6. Ladainha final

Santo Antônio Galvão e Servo de Deus Alderígi, em suas mãos eu coloquei o meu medo e ele sumiu. Obrigado!

São Judas Tadeu e Santo Expedito, em suas mãos eu coloquei o meu medo e ele sumiu. Obrigado!

Santa Rita e Santa Edwiges, em suas mãos eu coloquei o meu medo e ele sumiu. Obrigado!

(*Pode acrescentar outros santos.*)

Nossa Senhora Aparecida, a sua coragem é a minha coragem. Aleluia!

Senhor Jesus, a sua vitória é a minha vitória. Amém. Amém. Aleluia!

Editorial

CULTURAL
CATEQUÉTICO PASTORAL
TEOLÓGICO ESPIRITUAL
REVISTAS
PRODUTOS SAZONAIS
VOZES NOBILIS
VOZES DE BOLSO

CADASTRE-SE
www.vozes.com.br

EDITORA VOZES LTDA.
Rua Frei Luís, 100 – Centro – Cep 25689-900 – Petrópolis, RJ
Tel.: (24) 2233-9000 – Fax: (24) 2231-4676 – E-mail: vendas@vozes.com.br

UNIDADES NO BRASIL: Belo Horizonte, MG – Brasília, DF – Campinas, SP – Cuiabá, MT
Curitiba, PR – Florianópolis, SC – Fortaleza, CE – Goiânia, GO – Juiz de Fora, MG
Manaus, AM – Petrópolis, RJ – Porto Alegre, RS – Recife, PE – Rio de Janeiro, RJ
Salvador, BA – São Paulo, SP